RECORRIDO POR LA CIUDAD

LA BIBLIOTECA

por Alissa Thielges

amicus LEARNING

estantes

rincón de lectura

Busca estas palabras e imágenes mientras lees.

buzón

computadora

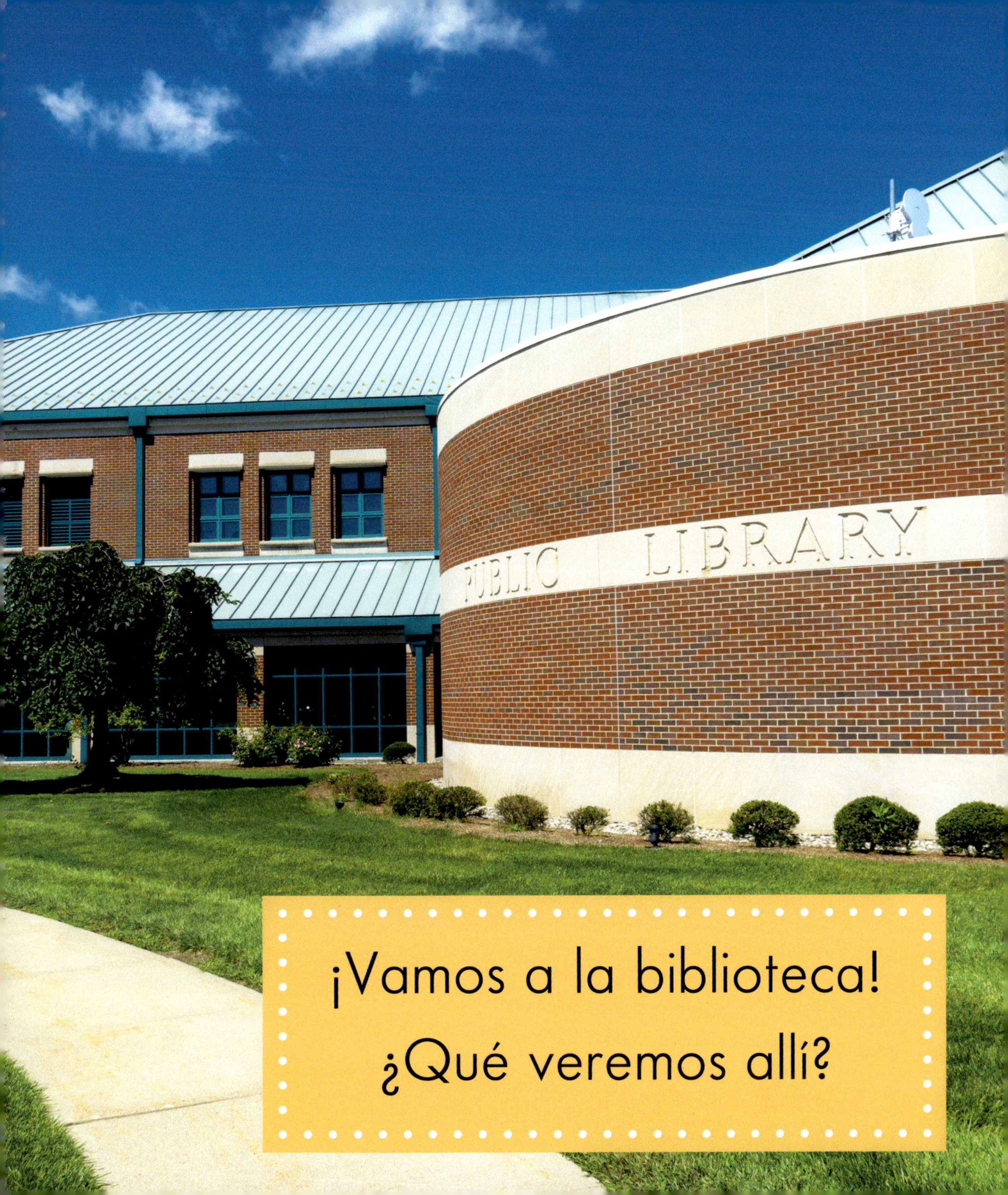

¡Vamos a la biblioteca!
¿Qué veremos allí?

Books ONLY
DVDs • CDs
LIBRARY
RETURN
LIBRARY
RETURN

buzón

Mira el buzón.

Se abre.

Allí devuelves los libros.

estantes

Mira los estantes.

Contienen libros y películas.

¡Escoge tu favorito!

Puedes pedirlo prestado.

Aquí trabajan los bibliotecarios.
Te ayudan a buscar libros.
Organizan eventos divertidos.

computadora

Mira las computadoras.
Puedes usarlas gratis.
Necesitas una tarjeta
de la biblioteca.

rincón de lectura

Mira el rincón de lectura.
Es hora de un cuento.
Una bibliotecaria canta y lee.

¡Es hora de llevar un libro! Una bibliotecaria escanea los libros.

¡Hasta la próxima!

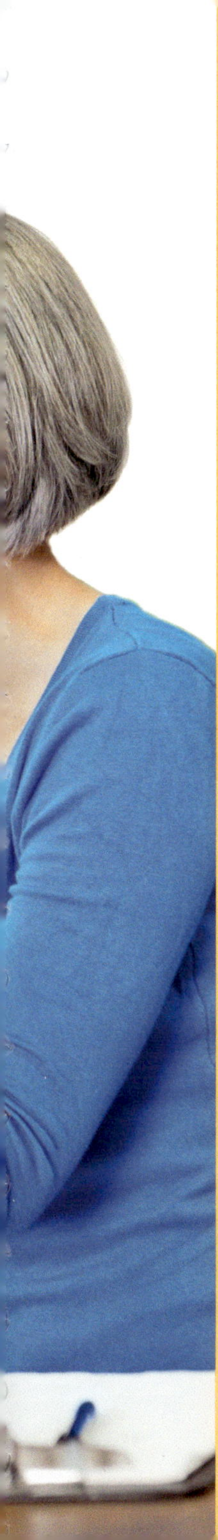

estantes

rincón de lectura

¿Lo encontraste?

buzón

computadora

Publicado por Amicus Learning, un sello de Amicus
P.O. Box 227, Mankato, MN 56002
www.amicuspublishing.us

Library of Congress Cataloging-in-Publication Data
Names: Thielges, Alissa, 1995- author.
Title: La biblioteca / por Alissa Thielges.
Other titles: Library. Spanish
Description: Mankato, MN : Amicus Learning, 2025. | Series: Recorrido por la ciudad | Audience: Ages 4-7. | Audience: Grades K-1. | Summary: "A search-and-find book about libraries reinforces new Spanish vocabulary to build reading success while close-up images of places and buildings captivate young audiences. A great early social studies book to inspire learning about communities on field trips for kindergartners and first graders. North American Spanish translation"—Provided by publisher.
Identifiers: LCCN 2023045297 (print) | LCCN 2023045298 (ebook) | ISBN 9781645499312 (library binding) | ISBN 9798892000246 (ebook)
Subjects: LCSH: Libraries—Juvenile literature.
Classification: LCC Z665.5 .T47718 2025 (print) | LCC Z665.5 (ebook) | DDC 027–dc23/eng/20231012

Rebecca Glaser, editora
Deb Miner, diseñador de la serie
Kim Pfeffer, diseñador de libro y investigación fotográfica

Créditos de Imágenes: 123RF/mikdam, cover, wavebreakmediamicro, 12–13; Adobe Stock/ABCDstock, 4–5, JCM, 1; Alamy Stock Photo/William Morgan, 4–5; Dreamstime/Ales Utouka, 10–11; iStock/liu mingzhu, 6–7, RgStudio, 8-9, RiverNorthPhotography, 3, SDI Productions, 14